boanova editora

REENCARNAÇÃO FÁCIL

Luis Hu Rivas

6ª edição
Do 31º ao 33º milheiro
2.000 exemplares
Novembro/2021

© 2014 - 2021 by Boa Nova Editora

Capa
Luis Hu Rivas

Diagramação
Luis Hu Rivas
Juliana Mollinari

Revisão
Drika Revisões

Coordenação Editorial
Ronaldo A. Sperdutti

Impressão
BMF gráfica

O produto da venda desta obra é destinado à manutenção das atividades assistenciais da Sociedade Espírita Boa Nova, de Catanduva, SP.

1ª edição: Abril de 2014 - 5.000 exemplares

Dados Internacionais de Catalogação na Publicação (CIP)
(Câmara Brasileira do Livro, SP, Brasil)

Hu Rivas, Luis
   Reencarnação fácil / Luis Hu Rivas. --
Catanduva, SP : Boa Nova Editora, 2014.

   ISBN 978-85-8353-011-4

   1. Doutrina espírita 2. Espiritismo
3. Espiritismo - Filosofia 4. Espíritos I. Título.

13-12866   CDD-133.901

Índices para catálogo sistemático:

   1. Doutrina espírita   133.901
   2. Espiritismo : Princípios básicos   133.901

Sumário

Evolução espiritual

Existe uma admirável lei que harmoniza o Universo, faz que tudo sirva, que tudo se encadeie na Natureza. O princípio Espiritual que é o gérmen do Espírito, evolui desde o átomo primitivo até ao arcanjo, que também começou por ser átomo.

O princípio espiritual surge no átomo primitivo

O espírito dorme no estado mineral

O espírito sonha no estado vegetal

O espírito acorda no estado animal

Nome:
Evolução espiritual
Conceito:
Tudo se encadeia na Natureza, desde o átomo ao arcanjo.
Evolução Biológica:
Mudança das características hereditárias de uma geração para outra.
Evolução Humana:
Origem Homo sapiens como espécie distinta de outros hominídeos.
Evolução Espiritual:
Progresso do princípio espiritual por todos os reinos da Natureza.

Tudo no universo tem um fim, tudo conspira para o progresso e para a harmonia geral.
Desde os animais de ínfima ordem que fazem emergir do mar ilhas, até os Espíritos mais atrasados, que mal tem consciência de seus atos, todos obedecem as leis divinas.
Mais tarde, quando suas inteligências estiverem desenvolvidas, ordenarão e dirigirão as coisas do mundo material. Depois, poderão dirigir as do mundo espiritual.

Os Espíritos evoluem?

Sim. A vida dos Espíritos é muito similar a vida do nosso corpo. Ele passa gradualmente do estado de embrião ao de infância, para chegar, depois de muitos períodos, ao de adulto, que seria o estado de Espírito puro.

O princípio espiritual se individualiza no estado hominal e reencarna como Espírito.

A evolução dos Espíritos é constante e permanente.

O Espírito na sua última encarnação torna-se Espírito puro.

Todos reencarnamos as mesmas vezes?
Não. Depende do esforço que cada um faz para se aperfeiçoar. A cada nova existência, o Espírito dá um passo para diante no seu progresso. Até ficar limpo de todas as impurezas e não ter mais a necessidade de reencarnar. Para os Espíritos evoluírem mais rápido, precisam passar por mais provas. Mas, mesmo assim, as encarnações sucessivas são sempre muito numerosas, pois o progresso é quase infinito.

Já fomos árvores ou pedras?

Não como Espíritos individualizados. Sim, como processo do princípio inteligente. Seria errado dizer que fomos tal planta ou uma pedra em outra vida, pois o princípio inteligente nesses reinos não se encontrava individualizado. No reino animal, está ainda em estado coletivo e iniciando o seu processo de individualização. Mas é como ser humano, que o princípio inteligente está totalmente individualizado e reencarna muitas vezes até a sua purificação.

Reencarnamos no mesmo planeta?

O progresso e a reencarnação dos Espíritos se realizam em diversos mundos. A reencarnação seria uma etapa na evolução dos Espíritos, após sua última encarnação, o Espírito continua progredindo em outros níveis espirituais, rumo a perfeição infinita.

Filosofia

A reencarnação é o retorno do Espírito a um novo corpo físico. Assim, os Espíritos têm muitas existências sucessivas até sua purificação. A reencarnação fundamenta-se na justiça de Deus e na revelação dos Espíritos. Um bom pai, deixa sempre aberta, aos seus filhos uma porta para sua reparação.

Allan Kardec chamou de "pluralidade das existências" e definiu como a única explicação que corresponde à ideia que formamos da justiça de Deus para com os homens, pois que nos oferece os meios de resgatarmos os nossos erros por novas provações, e nos explica o porque nascem pessoas com deficiências e outras com tantas virtudes. A razão assim indica e os Espíritos assim a ensinam.

Porque temos que reencarnar?

Porque numa só vida não conseguimos alcançar a perfeição, por isso, precisamos da prova de uma nova existência. Algum dia, vamos alcançar a perfeição relativa, pois só Deus é a perfeição absoluta.

Nome:
Aspecto Filosófico
Data:
Origem da humanidade.
Outros nomes:
Pluralidade das existências.
Palingêneses.
Metempsicoses.
Transmigração das almas.
Ressurreição na carne.
Vidas pregressas.

A reencarnação não destrói os laços familiares. Pelo contrário, esclarece que muitos seres queridos podem retornar novamente dentro das mesmas famílias.

A reencarnação amplia os deveres da fraternidade. O nosso vizinho ou o nosso empregado pode ser um Espírito que em outra vida foi nosso parente.

A reencarnação é um dos princípios do Espiritismo. É consequência de duas leis: A Lei da Justiça Divina e a Lei do Progresso.

A reencarnação dos Espíritos se dá sempre na espécie humana e é sempre progressiva e nunca regressiva.

A alma nasce com o corpo?

A alma não nasce com o corpo, isso explica porque existe tão grande diversidade de aptidões. Se apenas dependesse do organismo, o homem seria simples máquina, joguete da matéria; deixaria de ter a responsabilidade de seus atos, pois que poderia atribuir tudo às suas imperfeições físicas. Os Espíritos afirmam que fomos criados simples e ignorantes, por isso precisamos de muitas existências para nos aperfeiçoar.

Porque há pessoas que são contrárias a reencarnação?

Os Espíritos revelam que todos temos muitas existências e as pessoas que dizem o contrário pretendem nos manter na ignorância em que elas próprias se encontram.

Assim como, para o Espírito, a morte do corpo é uma espécie de renascimento, a reencarnação é uma espécie de morte. Ele deixa o mundo espiritual pelo mundo material e percebe o período que vão reencarnar, assim como o homem intui quando é que morrerá.

Explicações

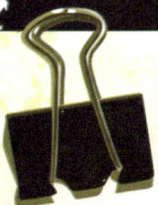

Com a reencarnação é explicada de onde vem à aptidão extranormal que muitas crianças revelam, para esta ou aquela arte ou ciência, o instinto precoce para vícios ou virtudes, os sentimentos inatos de dignidade ou de baixeza, contrastando com o lugar onde nasceram.

Ciência

A lembrança de vidas passadas estudada por grandes psiquiatras, psicólogos, e pesquisadores da matéria é um dos métodos mais completos para provar a reencarnação. As pesquisas com as experiências de memória extracerebral, as recordações espontâneas de outras vidas nas crianças, os chamados de *Déjà vu*, as lembranças antes do nascimento, as *Birthmarks* ou marcas de nascença, as hipnoses regressivas e o reconhecimento de impressões digitais, são algumas das tantas provas que confirmam a reencarnação.

O *Déjà vu* é uma sensação que faz com que sejam transmitidas ideias de que já se esteve naquele lugar antes ou que já se viu aquelas pessoas.

Diversos pesquisadores colheram excelentes resultados em seus trabalhos relacionados a lembranças reencarnatórias e marcas de nascença. O professor Dr. Hemendra Nath Banerjee, da Universidade de Jaipur (Índia), com mais de três mil casos e Dr. Hernani Guimarães Andrade (Brasil), publicaram suas pesquisas nos livros "Vida pretérita e vida futura" e "Reencarnação no Brasil",

Nome:
Aspecto científico
Pesquisadores de Terapias de vidas passadas:
Dr. Morris Netherton, Dr. Brian Weiss, Dr. Ney Prieto.
Pesquisadores de pessoas com lembranças de outras vidas:
Dr. Hemendra Banerjee, Dr. Ian Stevenson e Dr. Hernani Guimarães Andrade.
Pesquisadores de impressões digitais:
João Fiorini.

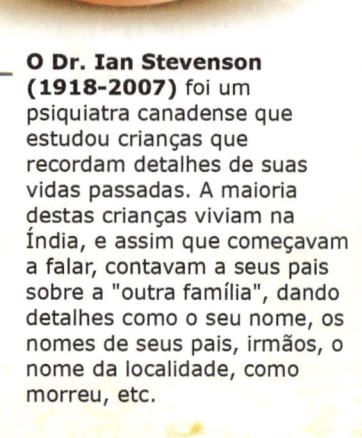

O Dr. Ian Stevenson (1918-2007) foi um psiquiatra canadense que estudou crianças que recordam detalhes de suas vidas passadas. A maioria destas crianças viviam na Índia, e assim que começavam a falar, contavam a seus pais sobre a "outra família", dando detalhes como o seu nome, os nomes de seus pais, irmãos, o nome da localidade, como morreu, etc.

O *Déjà vu* pode fazer acordar lembranças de outras vidas, de lugares que já vivemos, gravadas nos arquivos do perispírito (corpo espiritual).

Existem diversos tipos de *déjà vus*, como os "déjà véanus" ("já vivido"), "déjà lu" ("já lido"), "déjà entendu" ("já ouvido"), "déjà visité" ("já visitado").

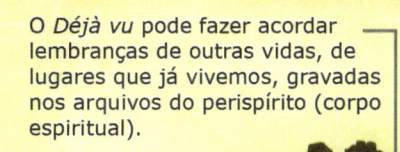

Podemos lembrar do passado?

Sim. O Dr. Brian Weiss, médico diplomado pela Universidade de Yale, com especialização em Psiquiatria na Universidade de Columbia, é o autor do livro "Muitas Vidas, Muitos Mestres", onde relata as suas experiências com Catherine, a quem depois de um ano de tratamento convencional não conseguiu a cura. Weiss, valendo-se da hipnose, fez que retrocedesse o origem de seus problemas, e ela diz que se chamava Aronda e que morou no Egito, morta 18 séculos a.C. Experimentou com centenas de pacientes, concluindo que todos reencarnamos.

O que é a Terapia de Vidas Passadas?

É um método de hipnose que permite lembrar de outras vidas. Criado pelo Dr. Morris Netherton, em 1966, deve ser realizado por profissionais para solucionar traumas, fobias, medos, etc. Poderiam ser prejudiciais se fossem tratadas como brincadeira ou por curiosidade.

O delegado de policia João Fiorini (Brasil), perito em identificação digital, realiza pesquisas sobre vidas passadas. Ele afirma que, se o período entre as encarnações for longo, as digitais acabam por sofrer a influência genética dos pais. Mas, se a reencarnação ocorre logo, a possibilidade do períspírito manter as digitais inalteradas é bastante acentuada.

Explicações

As marcas de nascença ou *Birthmarks* surgem durante a morte. Com a intensidade do trauma, o impacto da morte fica gravado no perispírito e na próxima vida, se manifesta no corpo. Por exemplo, o tiro de uma arma de fogo pode gerar uma impressão na outra vida.

Religião

Desde tempos imemoriais, a reencarnação faz parte do conhecimento dos santuários antigos, centros de iniciação e escolas religiosas. A crença na reencarnação tem suas origens nos primórdios da humanidade e nas culturas primitivas. Está presente nas religiões do Egito Antigo, do Hinduísmo, do Budismo, do Jainismo, do Taoísmo, do Culto de Tradição aos Orixás, das religiões indígenas, do Vodu, da Cabala judaica, do Rosacrucianismo, do Espiritismo, da Teosofia, da filosofia socrática-platônica e diversas escolas espiritualistas.

Os budistas devem aceitar a responsabilidade em que exercem sua liberdade, já que as consequências da ação podem ser vistas em vidas posteriores.

A Índia milenar
Na filosofia védica lê-se no Bhagavad Gita: "Assim como deixamos de lado a roupa usada e vestimos a nova, assim o Espírito troca a indumentária de carne e se reveste de uma nova". E mais: "Chorarás se te disserem que o homem recém-falecido é como o homem recém-nascido? O fim do nascimento é a morte e o fim da morte é o nascimento; tal é a lei".

O budismo de Sakyamuni diz: "O sofrimento provém do desejo da criatura humana, que o conduz a nascimentos sucessivos. Conjuntamente com a luxúria, o desejo encontra satisfação em todo lugar. O desejo das paixões e dos poderes, são as fontes do sofrimento."

Os egípcios
O Egito faraônico versou praticamente toda sua filosofia e sua ciência no princípio da reencarnação e tudo isso em épocas que passam os cinco mil anos.

Nome:
Aspecto religioso
População:
2 bilhões
Aceitam:
Egito Antigo, Hinduísmo, do Budismo, Jainismo, do Taoísmo, Culto de Tradição aos Orixás, religiões indígenas, Vodu, Cabala judaica, Rosacrucianismo, Espiritismo, Teosofia, da filosofia socrática-platônica, espiritualistas em geral e o Cristianismo até o ano 553.

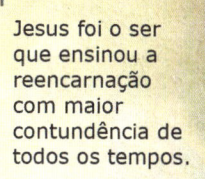

Jesus foi o ser que ensinou a reencarnação com maior contundência de todos os tempos.

Em todo o Evangelho, Jesus predica a ressurreição, tanto da carne como a do espírito. A ressurreição na carne deve-se entender como reencarnação.

A reencarnação fez parte do Cristianismo até o ano 553. Jesus, seus seguidores e os primeiros cristãos eram reencarnacionistas.

Jesus falou da reencarnação?

Sim. No episódio em que Jesus assevera que João Batista é a reencarnação de Elias. Seus discípulos então o interrogaram desta forma: "Por que dizem os escribas ser preciso que antes volte Elias?" – Jesus lhes respondeu: "É verdade, Elias há de vir e restabelecer todas as coisas: – mas, eu vos declaro que Elias já veio e eles não o conheceram e o trataram como lhes aprouve. Então, seus discípulos compreenderam que fora de João Batista que ele falara". (S. Mateus, 17:10 a 13; – S. Marcos, 9:11 a 13)

Quais foram os povos que mais acreditaram na reencarnação?

Talvez foram os druidas. Eles eram sacerdotes celtas que exerciam as maiores funções legais e educativas. Faziam empréstimos para serem pagos em outras vidas. A frase inscrita no dólmen de Allan Kardec "Nascer, morrer, renascer ainda e progredir sempre, esta é a lei" é de origem druida.

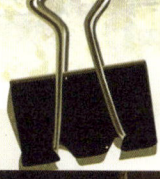

Jesus explica a reencarnação. Em João, cap. 3, v. 1 a 15 está escrito com detalhes o diálogo que Jesus manteve com Nicodemos, membro do Sinédrio e mestre de Israel. "Em verdade, em verdade digo-te: Ninguém pode ver o reino de Deus se não nascer de novo".

Na Grécia Antiga

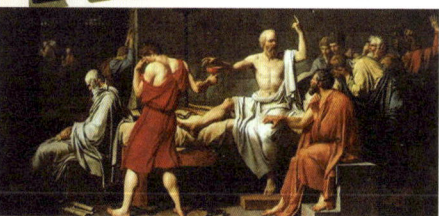

Na Grécia a reencarnação estava presente. Sócrates manifestou: "Em realidade, uma vez mais evidenciando que a alma é imortal, não existirá, para ela, nenhuma fuga possível para os seus males, nem a sua salvação a não ser retornando melhor e mais sábia".

Eliminação da reencarnação

Até a metade do século VI, a reencarnação fazia parte do Cristianismo. Depois do segundo Concílio de Constantinopla, atual Istambul, Turquia, por exigência do Império Bizantino, ficou abolida, sendo substituída pela ressurreição. Por petição de Teodora, esposa do Imperador Justiniano, partidária da escravidão e das ideias preconcebidas, temerosa de retornar ao mundo na pele de escrava negra, desencadeou uma forte pressão sobre o Papa da época, Vigílio, para quem os desejos de Teodora eram lei. Assim, o Concílio, decidiu eliminar todas as doutrinas de Orígenes de Alexandria, incluindo a reencarnação.

Proibição da reencarnação no Cristianismo

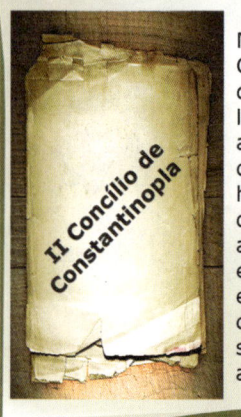

II Concílio de Constantinopla

No ano 553, no II Concílio de Constinopla, decreta-se conforme se lê em latim: "Se alguém diz, ou pensa, que as almas dos homens preexistem e que têm sido anteriormente Espíritos e virtudes, e que foram enviadas em corpos como castigo: que sejam declarados anátemas."

Nome:
II Concílio de Constatinopla
Origem:
Constantinopla (atual Istambul, Turquia).
Data:
553 d.C.
Autor:
O Imperador Justiniano, ordenou ao Papa Virgílio, atendendo o pedido da sua esposa Teodora.
Objetivo:
Eliminar as doutrinas de Orígenes, incluindo a reencarnação.

A Imperatriz Teodora (500 - 548)
Antes de ser imperatriz foi meretriz. Ao tomar o poder, "prendeu à força" 500 prostitutas e as confinou ao convento, fato que provocou suicídios. Ela pediu ao imperador para eliminar a reencarnação, a fim de não resgatar seus crimes.

O Império Bizantino
O auge deste império foi durante o reinado do imperador Justiniano (527-565), que visava reconquistar o poder que o Império Romano perdia no ocidente. A religião era fundamental para a manutenção do império.

O Imperador Justiniano
Reinou no Império Bizantino juntamente com sua esposa Teodora.

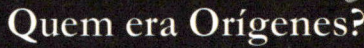

Quem era Orígenes?

Considerado o "Pai da ciência da Igreja" e "o maior mestre da igreja depois dos Apóstolos", nos seus ensinamentos manifestava: "Existe a preexistência das almas. A Alma é imaterial e, portanto, não há nem princípio, nem fim na sua existência. Existe um progresso constante rumo a evolução, sendo nos primeiros como copos de barro, logo de vidro, logo de prata, finalmente como cálice de ouro. Todos os Espíritos foram criados sem culpa e todos têm que retornar, ao fim, sua perfeição original."

Porque no cristianismo não se acredita na reencarnação?

Jesus, seus seguidores e os primeiros cristãos, até o século VI, eram reencarnacionistas. Mas os cristãos de hoje, na sua maioria, não acreditam por dois motivos: primeiro, por desconhecer o Concílio injusto que eliminou a reencarnação e segundo, por confundir a frase de Jesus "ninguém pode ver o reino de Deus se não nascer de novo" pelo batismo.

Contantinopla 550 d.C.
A cidade transformou-se na "Nova Roma", capital do Imperio Bizantino. Foi sede de diversos "concílios", convocados por Justiniano, onde os líderes cristãos eram obrigados pelo imperador, a reunir-se para decidir os rumos da igreja e definir as regras a serem seguidas pelos fieis.

Jesus é batizado por João Batista, mas ele nunca batiza a ninguém. O batismo de Jesus era no coração dos homens. A reforma íntima com a prática do evangelho e o conhecimento das leis espirituais que eram a base da sua doutrina.

Lei de Causa e Efeito - (karma)

Existe no universo uma lei que tende para a harmonia. Essa lei que regula e equilibra tudo, os Espíritos chamam de Lei de Causa e Efeito, e rege todas as ações que fazemos. A palavra *karma* provém do sânscrito hindu e quer dizer ação. Quer dizer que toda ação que fazemos seria um *karma*. Allan Kardec preferiu chamar de Lei de Causa e Efeito, e pautou que os atos positivos, caritativos reparam ações delituosas do passado. As boas ações seriam *karmas* positivos ou *dharmas*, não obstante *karma* é empregado para designar os fatos que o Espírito fez contra outros, contra a Natureza ou contra si mesmo. O *karma* é resgatado na atual existência ou numa futura a maneira de corretivo e não de castigo.

Jesus falou dessa lei?

Jesus falou da lei de causa e efeito em diversas passagens: "Toda a árvore boa produz bons frutos"; "Ninguém sairá daqui enquanto não pagar o último ceitil"; "Embainha a tua espada; pois todos os que lançam mão da espada à espada perecerão"; "Não julgueis, pois, para não serdes julgados", e até no Pai Nosso: "Perdoai as nossas ofensas assim como nós perdoamos a quem nos tem ofendido".

Nome:
Lei de Causa e Efeito
Em sânscrito:
Kharma - Ação
Dharma - Ação positiva
Conceito:
Lei que regula, harmoniza e equilibra o Universo.
Outros nomes:
Terceira Lei de Newton
Lei de ação e reação
Lei do retorno
Lei do pêndulo
Lei do espelho

As leis de Deus conspiram para a harmonia da Natureza. Deus não criou leis para os cientistas e para os religiosos, criou uma só lei para todos. A lei do progresso, gera a reencarnação e a lei da justiça gera o princípio de causa e efeito. Tudo isso permite o equilíbrio e a evolução de todos os seres.

Com a compreensão da lei, sabemos que somos autores do nosso destino.

Toda ação, palavra, pensamento ou o que realizamos, vai gerar uma consequência positiva ou negativa, retornando a nós mesmos, na mesma intensidade.

No corpo, todo esforço repetitivo de um músculo gera uma lesão, para restabelecer-se é preciso de um descanso temporal. No Espírito acontece o mesmo. Todo mau uso de um talento gera uma deficiência, precisando uma reencarnação com limitações para o Espírito se harmonizar com a lei.

O nosso destino futuro é atingir a felicidade como Espíritos puros. Depende do nosso esforço consegui-lo. Ninguém está destinado ao mal ou ao sofrimento.

Existem resgates coletivos?

Sim. As guerras mundiais foram resgates entre antigos espartanos e atenienses. As crianças que morreram queimadas no incêndio do "Circo de Niterói" em 1951, no Rio de Janeiro (Brasil), resgataram um débito de há dois mil anos, quando foram soldados romanos, levando crianças aos circos para serem queimadas. As vítimas do tsunami da Tailândia resgataram seu débito, quando foram os bárbaros do exército de Alarico II, na invasão da Grécia. O Brasil tem dois resgates coletivos: a guerra do Paraguai e a escravidão.

A Lei de ação e reação
Esta é a terceira lei de Newton, e diz que para toda a ação opõe sempre uma igual reação. Isto é, as ações mútuas de dois corpos um sobre o outro são sempre iguais e opostas. O mesmo princípio da lei da física aplica-se na lei espiritual.

Explicação no passado

Casos de deformações físicas, acidentes, abandono, esterilidade, doenças incuráveis, miséria, loucura, etc., têm a sua origem no passado e dessa maneira vemos a justiça de Deus agindo.

Aspectos gerais

A reencarnação se realiza em diferentes mundos, a atual encarnação não é a primeira nem será a última, mas sim, uma das mais materiais e distantes da perfeição.

O Espírito quando reencarna sofre a influência da matéria, e o seu desafio é esse, elevar a alma acima da natureza animal. A reencarnação faz parte do processo evolutivo do Espírito na matéria.

Podemos reencarnar como homem ou mulher?

Sim. Os Espíritos reencarnam como homens e mulheres, já que o Espírito não tem sexo. Como devem progredir em tudo, cada sexo lhe faculta provas e deveres específicos, incrementando assim as suas experiências.

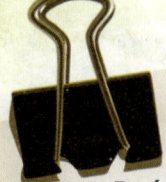

Período entre reencarnações

Esse período chama-se de erraticidade. Os Espíritos errantes são aqueles que estão esperando uma nova existência para melhorar-se. Há os de diversos graus e a sua espera varia desde horas até séculos, se dando geralmente, depois de períodos mais ou menos longos.

Os Espíritos sabem quando vão reencarnar. Pressentem-na, como sucede ao cego que se aproxima do fogo. Sabem que têm de retornar a um corpo, como nós sabemos que teremos que morrer um dia, mas ignoram quando isso se dará.

Dependendo de estar mais ou menos adiantados, os Espíritos não se preocupam com a sua reencarnação, mesmo assim reencarnarão. Em alguns casos, é imposto pela mesma lei a reencarnar-se, em outros, escolhem as provas (quer dizer corpo, condições, época, família, etc.), quanto maiores os obstáculos, maior o progresso.

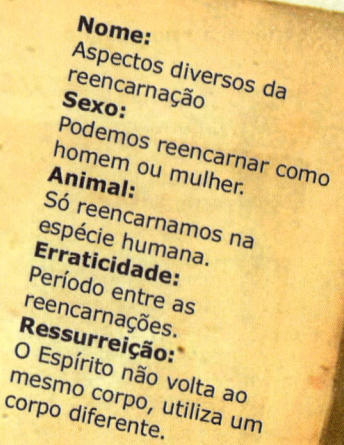

Nome: Aspectos diversos da reencarnação

Sexo: Podemos reencarnar como homem ou mulher.

Animal: Só reencarnamos na espécie humana.

Erraticidade: Período entre as reencarnações.

Ressurreição: O Espírito não volta ao mesmo corpo, utiliza um corpo diferente.

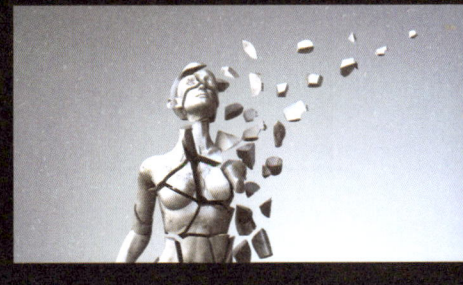

Nos animais mais evoluídos, como os cachorros, o princípio espiritual está mais individualizado, produzindo-se as primeiras experiências reencarnatórias, coordenadas pelas equipes espirituais.

Podemos reencarnar como animais?

Não. Isso seria retroceder, e o Espírito não retrocede.
O rio não remonta à sua nascente. Mas o princípio espiritual que está no animal, quando estiver totalmente individualizado, poderá um dia, reencarnar numa espécie humana.

Chico Xavier tem dois casos de reencarnação de animais. O primeiro é de seu cão "Lorde", que reencarnou cinco vezes em sua casa. E o segundo, da sua cachorra de nome "Boneca". Ela morreu de velha e um casal amigo, adquiriu uma filhotinha da mesma raça. Era Boneca que estava de volta. Quando amamos nosso animal, ao partir, os Espíritos amigos o trazem de volta, para que não sintamos tanto sua falta.

Lembranças

Muitas pessoas podem lembrar de outras vidas de forma espontânea, quando visitam algum lugar (*Déjà vu*), nos sonhos, em estados de meditação, durante o transe mediúnico, por terapias regressivas ou por técnicas indutivas.
Na literatura espírita temos vários casos de Espíritos que conseguem lembrar de suas antigas existências. Eles são levados pelos guias espirituais, em alguns locais, onde conseguem ver o passado. Na maioria dos homens existe um "véu", que impede essa lembrança, pois dificultaria o nosso progresso. Seria uma espécie de proteção, que evita reconhecer inimigos do passado, até dentro da nossa família.

Como lembrar outras vidas?

Existem algumas experiências como as que o Dr. Raymond Moody realizou com indivíduos sentados frente a frente em estado de penumbra. Eles narraram ter visto objetos, roupas e acessórios de outras épocas, de quem estava na sua frente, o que sugeriria ser de outras vidas. Quando estamos adormecidos, ficamos parcialmente separados do corpo, e com o Espírito mais livre, temos maior sensibilidade para ver o passado.

Dr. Raymond Moody (1944)
Psiquiatra e parapsicólogo americano, conhecido mundialmente como autor de livros sobre vida depois da morte.

Algumas faculdades intelectuais, como o gosto pelas artes, podem ficar adormecidas nesta vida. Isto acontece quando não a utilizamos corretamente no passado.

Francisco Cândido Xavier (1910 – 2002)
O médium espírita Chico Xavier lembrava que essa encarnação no Brasil, era a sua primeira reencarnação em corpo masculino.

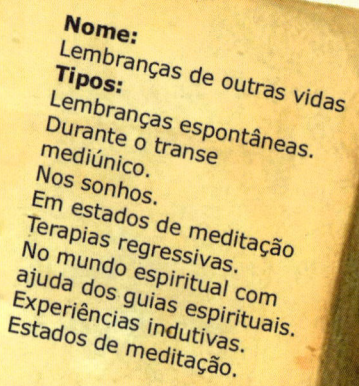

Nome:
Lembranças de outras vidas
Tipos:
Lembranças espontâneas.
Durante o transe mediúnico.
Nos sonhos.
Em estados de meditação
Terapias regressivas.
No mundo espiritual com ajuda dos guias espirituais.
Experiências indutivas.
Estados de meditação.

As ideias inatas são as lembranças de vidas anteriores e estão armazenadas no cérebro do perispírito.

No mundo espiritual, existe uma seção de arquivos, onde os técnicos permitem que tenhamos acesso ao nosso passado.
No livro "Nosso Lar", o Espírito Laura, consegue ler suas memórias de três séculos, durante dois anos.
Após receber passes no cérebro, ela teve 300 anos de memória integral.

Podemos lembrar do passado no mundo espiritual?

Sim. No livro "Memórias de um Suícida", o Espírito Camilo, descobre no mundo espiritual a causa da sua cegueira, que o levou ao suicídio. Na vida anterior, ele foi um sacerdote da inquisição e levou o seu adversário às masmorras, onde perfurou seus olhos. Na sua próxima encarnação, ele programa ficar cego quando completar 40 anos de idade e desencarnar aos 60.

Camilo Castelo Branco (1825 - 1890)
Romancista português que utiliza o pseudônimo de Camilo Cândido Botelho, no livro "Memórias de um suícida".

Podemos lembrar outras vidas?
De forma espontânea, sim. Em algumas pessoas quando visitam lugares que viveram em vidas passadas, as lembranças armazenadas no perispírito voltam e podem recordar detalhes.

Divaldo Franco, (1927) Brasil

O Padre José (1577 - 1638) França

O médium Divaldo Franco, na sua primeira viagem a Paris, recordou uma existência anterior. Dirigiu-se a um monastério de 1606, nas redondezas da cidade. Ao chegar, lembrou ter sido seu fundador, quando foi o padre capuchino François Leclerc du Tremblay, conhecido como "O Padre José", a eminência parda do Cardeal de Richelieu.
Divaldo lembrou e comprovou detalhes, como da cela, onde ele vivia em orações contínuas, e de tanto ajoelhar-se, o piso de pedra-pome, ficou um pouco mais fundo. Também lembrou que a cela possuía uma gravura da Madona, que certo dia, inadvertidamente, queimou um pedaço com uma vela acesa.

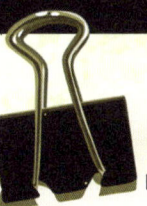

Minha vida em outra vida

O livro autobiográfico que virou filme, é baseado em fatos reais dos relatos de Jenny Cockell. Ela conta a sua história, suas visões e lembranças da última encarnação, como Mary, uma irlandesa que faleceu na década de 30. Jenny sai em busca de seus filhos da vida passada, até conseguir encontrá-los vivos e idosos.

Profissão

Os Espíritos trazem certas predisposições ou faculdades desenvolvidas de outras existências. As tendências e habilidades inatas para determinada atividade profissional revelam que já vivemos antes. Nem sempre as nossas atividades atuais tem relação com o passado. Às vezes é necessário aprender novas tarefas, para progredir em outras áreas do conhecimento. Os Espíritos que mais se aperfeiçoaram em outas vidas, trazem habilidades do passado, os que não se esforçaram, têm poucos talentos e muitas limitações.

No cérebro do perispírito, estão armazenadas as lembranças, habilidades e experiências de outras vidas, realizadas por efeito do exercício constante de uma faculdade.

O que acontece com as pessoas com deficiências?

As pessoas com síndrome de Down, por exemplo, sofrem uma expiação decorrente do abuso que fizeram de certas faculdades em outras vidas, podem ter sido homens de gênio no passado e ter abusado do seu saber. Mas é apenas um estacionamento temporário.

De tempos em tempos, Deus faz reencarnar na Terra, homens de gênio que ajudam para o adiantamento da Humanidade com determinada missão de progresso.

Amadeus Mozart (1756-1791)
Um Espírito que reencarnou para ajudar no progresso musical do planeta. Foi considerado uma criança gênio, desde sua infância mostrou uma habilidade musical prodigiosa e tornou-se um dos maiores compositores de todos os tempos. Atualmente habita o planeta Júpiter, junto com outras grandes personalidades da Terra, por isso, não vemos mais no planeta, esse gênio musical entre nós.
Qual é o mundo que habitas? Você é feliz? – "Júpiter", respondeu Mozart na Revista Espírita, à Allan Kardec. "Nele gozo de uma grande calma, amo todos aqueles que me cercam, não temos mais ódio".

Nome:
Influência da reencarnação na profissão.
Conceito:
As experiências de outras vidas podem ajudar na escolha da profissão.
Genialidade:
Espíritos com grande habilidade de outras vidas.
Deficiências:
Abuso de alguma habilidade e consequente resgate, com a limitação nesta vida.

As ideias que surgem nos artistas talentosos, nem sempre as tiram de si próprios ou das suas experiências de outras vidas. Algumas vezes, essas ideias ou inspirações podem lhes ser sugeridas por Espíritos que os julgam capazes de compreendê-las e dignos de divulgá-las. Quando os artistas não as acham em si mesmos, apelam para a inspiração. Fazem assim, sem o suspeitarem, uma verdadeira evocação.

Alguns Espíritos reencarnam com determinadas profissões predeterminadas, fruto das suas experiências do passado. Uma pessoa, que desenvolveu a leitura em outra vida, pode vir nesta pronta para ser jornalista ou escritora.

Com o conhecimento da reencarnação, devemos sempre nos aprimorar profissionalmente, mesmo que, com atividades que não realizaremos nesta vida, poderemos deixar as bases prontas, para uma próxima existência.

Os santos reencarnam?

Existem Espíritos que se aperfeiçoaram espiritualmente em muitas vidas e reencarnam para nos ajudar.

A humanidade progride, por meio dos indivíduos que pouco a pouco se melhoram e instruem. Quando estes são maioria, puxam aos outros.

De tempos em tempos, reencarnam seres iluminados e nos dão um impulso. Eles vêm como instrumentos de Deus, com a sua autoridade moral, nos fazem adiantar, muitos séculos, em alguns, anos.

O trabalho dos guias espirituais

Os guias espirituais estudam os componentes genéticos dos pais e selecionam aqueles que melhor se ajustem para a necessidade do Espírito que vai reencarnar, dando uma estrutura física adequada na atividade que vai desenvolver.

Princípios da Reencarnação

A reencarnação é consequência de duas Leis Divinas: a Lei do Progresso (evolução) e a Lei da Justiça Divina (causa e efeito). Os seus princípios tem aspectos científicos, filosóficos e religiosos; e o seu conhecimento é a chave para a humanidade compreender o Evangelho de Jesus.

Precedentes

Presente nos povos da antiguidade.
Allan Kardec chamou-a de "pluralidade das existências".

A REENCARNAÇÃO

IMORTALIDADE DA ALMA

O Espírito reencarna tantas vezes seja necessário.

Religião
Ciência Filosofia

Perispírito
Modificado conforme a necessidade de cada existência.

Influência Espiritual

Espírito
O Espírito precisa reencarnar para evoluir, aprender amar e perdoar.

DEUS
É a causa que impulsa ao Espírito para melhorar-se e reencarnar.

Retorno do Espírito no plano físico. O Espírito vem evoluindo ao longo de milênios, desde o átomo primitivo até ser um Espírito puro. "Nascer, morrer, renascer, ainda, e progredir sempre, tal é a lei".

Leis Morais
A reencarnação é consequência de duas leis morais: Progresso e Justiça.

Elementos do Universo
A reencarnação faz parte do processo evolutivo do Espírito na matéria

Ação dos Espíritos na Natureza

Os Espíritos nos influenciam em cada reencarnação.

MEDIUNIDADE
Os médiuns reencarnam com tarefas planificadas na espiritualidade.

Livre-arbítrio
O Espírito solicita a sua prova em cada existência.

Evolução
Os Espíritos reencarnam na espécie humana, para níveis elevados, nunca como animais.

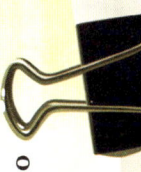

Progresso

MUNDOS HABITADOS
Os Espíritos reencarnam em diversos mundos.

Mundo Espiritual
Lugar onde moram os Espíritos entre uma e outra reencarnação.

Causa e Efeito
Lei que regula as provas, resgates e tarefas de cada reencarnação.

Justiça Divina

REENCARNAÇÃO
O Espírito tem muitas existências sucessivas até sua purificação.

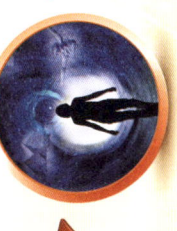

Base: O EVANGELHO DE JESUS
A reencarnação é a chave para entender o Evangelho:
"Ninguém poderá ver o reino de Deus se não nascer de novo".

Aspectos da Reencarnação
Religião
Presente nas religiões antigas, foi seguida por Jesus, seus discípulos e os primeiros cristãos até o ano 553.
Ciência
Milhares de psicólogos, psiquiatras e pesquisadores em todo o mundo, confirmam a realidade da reencarnação.
Filosofia
Fundamenta-se na justiça divina. A oportunidade que um pai dá aos seus filhos para retificar uma falta, com uma nova existência.

Finalidades da Reencarnação
Reparação
Cada ação que praticarmos, para o bem ou para o mal, gera consequências.
A reencarnação funciona como corretivo das ações do Espírito.
Aprendizagem
A cada encarnação, aprendemos nas diversas áreas do conhecimento. Mas principalmente, devemos aprender a amar a nós mesmos, ao próximo e a Deus.
Elevação
A cada reencarnação vamos nos capacitando a novos níveis de evolução, até chegarmos a ser Espíritos puros.

Família

Os Espíritos reencarnam em família para contribuir no progresso uns dos outros. Muitos Espíritos aproximam-se por afinidades e reencarnam juntos. Os guias espirituais fazem reencarnar adversários do passado, na mesma família, para aprender a amar-se e a perdoar-se. Por isso, nem sempre a nossa família física é a nossa família espiritual. Às vezes reencarnamos em famílias diferentes, com outras afinidades e gostos, isto pode acontecer para aprender com eles seus valores, ou para ensinar-lhes os nossos.

Afinidades Espirituais

Os parentescos morais dos pais com os filhos são consequência de afinidades espirituais e não orgânicas. Os pais têm por missão desenvolver valores nos seus filhos pela educação. Essa é a sua tarefa. Serão culpáveis se não cumprirem o seu dever.

Por que existem as "ovelhas negras"?

Existem Espíritos menos adiantados que reencarnam em famílias espiritualmente diferentes, com pais bons e virtuosos. Os guias espirituais fazem isso acontecer na esperança de que seus conselhos os encaminhem por melhor senda.

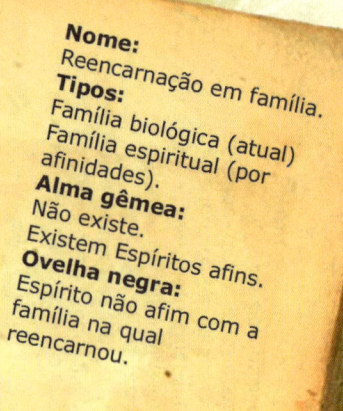

Nome:
Reencarnação em família.
Tipos:
Família biológica (atual)
Família espiritual (por afinidades).
Alma gêmea:
Não existe.
Existem Espíritos afins.
Ovelha negra:
Espírito não afim com a família na qual reencarnou.

Irmãos gêmeos
A semelhança de caráter que muitas vezes existe entre dois irmãos gêmeos é consequência de serem Espíritos simpáticos; que se aproximaram por analogia de sentimentos e sentem-se felizes por estarem juntos.

Existe a alma gêmea?

Não. O que existe são seres que se conheceram em outras vidas, e planejam reencontrar-se novamente. Podem sentir-se atraídos; unir-se e aproximar-se ao acaso ou pela atração, buscar-se reciprocamente na multidão.

Os corpos em que os Espíritos reencarnam não têm vínculo com os corpos da sua encarnação anterior, nem com a sua elevação moral. Mas o Espírito pode imprimir no rosto seu semblante, pelo que é verdadeiro dizer-se que os olhos são o espelho da alma.

O semblante do indivíduo lhe reflete de modo particular a alma. Assim, almas boas em corpos feios, tem algo que agrada, já em seres perversos com corpos belos, podem inspirar até repulsão.

Como podemos ser responsáveis por atos e resgatar faltas de que não lembramos?

Não lembramos de fato, mas temos uma leve intuição. As nossas tendências são uma lembrança do que fizemos no passado, e a nossa consciência nos alerta para não volver a cometer as faltas do passado.

O Espírito quando desencarna vê as faltas que fez, pede para voltar, resgatar aquilo que gerou e escolhe provas parecidas com as que não soube aproveitar. Os guias espirituais ajudam na sua reencarnação, e lhe intuem para evitar cair novamente.

Antipatia
Existem pessoas que sentem desgosto imediato por outras. Isso acontece porque são Espíritos antipáticos que se adivinham e reconhecem, mesmo sem se falarem.

Planejamento

Entre uma e outra reencarnação, os Espíritos permanecem no mundo espiritual, num estado chamado de erraticidade. Os Espíritos sentem a necessidade de uma nova vida para adiantar-se ou reparar suas faltas, para isso escolhem as provas futuras. Os guias espirituais ajudam nesse planejamento, programando-a desde o início da encarnação, as tarefas, as provas e os resgates, até sua desencarnação, mas o único que não está planejado é o suicídio. Existem três tipos de reencarnações: As que são feitas por Espíritos missionários (livres), as que são planejadas entre os Espíritos com os guias espirituais (propostas) e as que são impostas a Espíritos desajustados (compulsórias).

Como os Espíritos programam?

Existe no mundo espiritual uma seção de arquivos com nossas fichas de todas as reencarnações. Uma espécie de "facebook" do além, onde estão registrados nossos débitos, créditos, tarefas, amizades e falhas do passado. Baseado nisso, os Espíritos com seu livre-arbítrio, solicitam aos técnicos ajuda no planejamento das novas existências.

Nome:
Planejamento reencarnatório.
Tipos:
Livres - Solicitado por Espíritos missionários.
Compulsórios - Imposto a Espíritos desajustados.
Propostos - Combinado entre os Espíritos e os guias espirituais.
Suicídio:
Esta desencarnação pode ser prevista, mas não é programada.

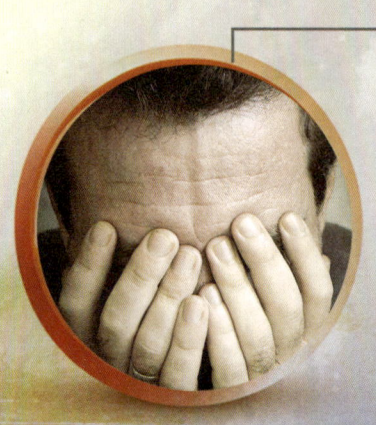

Os suicidas
Nos suicidas a necessidade de reparar o erro é muito maior, por isso, reencarnam mais rapidamente.
Nem sempre os Espíritos tem a capacidade de escolher a prova, nem o lugar para reencarnar. Às vezes falta merecimento ou sua elevação não lhes permite.

Quanto é o tempo entre uma reencarnação e outra?

Esse tempo pode variar, desde algumas horas até séculos. Algumas vezes reencarnamos imediatamente, mas geralmente só se faz depois de intervalos mais ou menos longos. Nos suícidas e em alguns animais é muito mais rápida.

No mundo espiritual os Espíritos também evoluem, mas é na Terra, onde põem em prática seu avanço.

Os guias espirituais planejam as reencarnações.

Os Espíritos voltam a Terra para continuar o seu progresso.

Os técnicos espirituais supervisionam as etapas junto aos Espíritos reencarnantes.

A Terra serve de campo para o adiantamento dos Espíritos.

Como entender melhor o planejamento?

Podemos fazer um paralelo com uma viagem de avião. Alguns passageiros podem escolher onde desejam sentar, janela ou corredor (seria o caso dos Espíritos com tarefas). Outros simplesmente entram sem escolher a poltrona (a maioria dos Espíritos). Existem os que tem compromissos muito importantes e viajam em primeira classe (Espíritos missionários). Os comissários de bordo que acompanham o voo (são os Espíritos técnicos) e os pilotos (os Guias Espirituais). O avião é a reencarnação, o aeroporto é o mundo espiritual, o destino é uma nova existência, e a força que impulsa a necessidade da viagem, Deus.

Encarnação livre ou por missão

Os próprios Espíritos puros decidem reencarnar, mesmo livres de resgates ou dívidas. São casos muito raros, e suas tarefas são específicas para o progresso evolutivo da humanidade, seja na ciência, na filosofia, na religião ou nas artes.

Como reencarnamos

Cada reencarnação é diferente, dependendo do nível de elevação do Espírito que voltará. Em boa parte dos Espíritos seria mais ou menos assim: Com base nos arquivos espirituais, os Espíritos guias e o Espírito reencarnante planificam a nova vida. Escolhem as provas, os resgates, a família e o desenho do corpo, segundo as suas necessidades. O Espírito vai se envolvendo mentalmente com os novos pais, visita seu novo lar, e no dia da fecundação, o Espírito sofre um processo de diminuição do seu períspirito, tomando aparência de uma criança. Durante o sono, os técnicos enlaçam o períspirito da futura mãe com o Espírito do futuro filho.

Os Espíritos com os guias espirituais escolhem os futuros pais antes de reencarnar. Muitas vezes programam segundo seus vínculos de outras vidas. Os Espíritos aproximam-se dos novos lares antes de seu retorno e às vezes apresentam-se aos pais, nos sonhos.

Existem tipos de reencarnações?

Há claramente três categorias: as que são feitas com Espíritos de regiões inferiores, que são as mais laboriosas, as que acontecem com Espíritos superiores, e as que são feitas com a maioria de Espíritos neutros, que nem são tão luminosos, nem tão perversos.

Nome:
Como reencarnamos.
Categorias:
Simples - com Espíritos superiores.
Comuns - com Espíritos neutros.
Complexas - com Espíritos inferiores.
Conceito:
Processo de união de dois perispíritos, do Espírito reencarnante com o Espírito da futura mãe.

A reencarnação se completa fisicamente aos sete anos de idade. Durante essa etapa os Espíritos recebem maior proteção e acompanhamento dos guias espirituais.

Completista
É o nome dado aos Espíritos que conseguem voltar de uma reencarnação completando todas as tarefas programadas. A maioria desperdiça as oportunidades e são poucos os que conseguem voltar assim.

A mãe percebe as influencias do Espírito reencarnante, e pode sentir seus desejos e gostos.

O aborto constitui crime, em qualquer período da gestação, por que impede uma alma de passar pelas provas a que teria no corpo que estava se formando.

O Espírito é encolhido, toma a forma infantil e fica adormecido. O seu períspirito começa a unir-se com o períspirito da mãe.

O Espírito cria laços fluídicos com seu novo corpo. O aborto espontâneo pode acontecer por desistência do Espírito reencarnante.

Em caso de perigo de vida da mãe, é preferível sacrificar o ser em formação, do que a progenitora.

Quando reencarnamos?

A união do Espírito começa na concepção, mas só é completada no nascimento. O Espírito liga seu perispírito com o perispírito da mãe por laços espirituais, que vão se unindo até o parto. O grito do recém-nascido é sinal de que o Espírito já reencarnou.

Mapas Espirituais

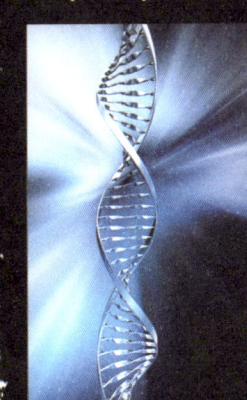

São mapas elaborados pelos Espíritos guias, especializados em biologia. Eles os preparam segundo seja a necessidade física.

Moldes do perispírito
Antes de reencarnar os Espíritos planejam seus futuros corpos. Os guias espirituais deixam esses moldes do períspirito, com as necessidades da prova na nova existência. Podem ter deficiências orgânicas, fisiológicas ou podem vir com faculdades especiais, segundo seja o caso. Os médiuns tem o períspirito modificado e sensibilizado antes de reencarnar.

Missionários da Luz (1945)

No livro psicografado por Chico Xavier, o Espírito André Luiz, narra em três capítulos a reencarnação detalhada do Espírito Segismundo, considerado como um caso comum de retorno a Terra.

Casos

Os Espíritos superiores revelam durante as comunicações mediúnicas, as causas que deram origem a um grande número de deficiências, deformidades e expiações.
Conhecendo um pouco a origem, vemos que somos nós próprios os autores do nosso destino e tomamos consciência das consequências dos nossos atos para as futuras reencarnações.

Os casos narrados são informações recebidas pela médium espanhola Amália Domingo Soler.

A menininha que ficou cega

Caso
Um grande mestre da medicina, *expert* em curar a visão, tem uma netinha que começa a ficar cega. A menina perde a visão parcial de um olho e do outro totalmente. O médico entra em depressão, fica sem comer e termina morrendo de fome.

Causa
O médico e a neta, em outra vida foram mestre e discípulo. Eram quase infalíveis e na sua vaidade fizeram experimentos com crianças órfãs, retirando-lhes os olhos.

O rapaz monstro

Caso
Um rapaz vai ficando deformado com a aparência de um monstro. Ele mora numa casa miserável, dentro de uma família muito pobre. Pelas suas condições, viveu amarrado por uma cadeia, feito um bicho selvagem, até sua morte.

Causa
No passado foi um conquistador espanhol que entrou nas florestas, abusou de muita gente, escravizou nativos e assassinou sem piedade. Era o mal em pessoa, gerando tragédia onde andava.

O recém-nascido sem braços e sem pernas

Caso
Um casal simples, mas cheio de amor, após seu casamento, recebe a notícia de ter o primeiro filho. Ao nascer, o menino encarnou sem braços e sem pernas, para espanto de todos.

Causa
No passado usou de seus braços para retirar confissões, gerando crimes e assinar sentenças manipuladas; com as suas pernas, correu atrás de testemunhos falsos, atrapalhou planos nobres, espiando e levando informações deturpadas.

15 Vidas Passadas

No livro psicografado pela médium Amália Domingo Soler, o Espírito do padre Germano, relata quinze casos, revelando que a causa das anomalias e das expiações de muitas pessoas, têm a sua origem no passado, em outra vida.

Amalia Domingo Soler (1835 – 1909)
A maior médium da Espanha, escreveu diversos livros espíritas.

Sempre temos que sofrer o que fizemos no passado?

Não. Através do serviço e do auxílio aos nossos semelhantes, podemos diminuir ou até mesmo eliminar as nossas dívidas do passado. Jesus nos ensina que "o amor cura a multidão de erros".

A mendiga rica

Caso
Uma mendiga idosa foi levada para um asilo após ser encontrada com uma grande quantidade de dinheiro. Sem poder usufruir dos bens, morava na rua pedindo esmola.

Causa
No passado foi uma linda moça que cativou o coração de um rico ancião. Após seu casamento, ela planejou envenenar o marido aos poucos , até deixá-lo demente. Ela o levou a um asilo em outro país onde o abandonou.

O crime de um louco obsidiado

Caso
Um louco perigoso no manicômio assassinou um visitante do local. Ele afirmava ter sido levado a cometer o crime por um ser invisível e que não era alucinado.

Causa
No passado foi um homem perverso que desonrava mulheres e matava os pais das moças. Um pai que foi vítima desses crimes é hoje o Espírito que obsessa ao suposto louco. Ele o perturba desde que nasceu e o leva a este estado, na sua vingança.

O neném abandonado na porta de casa.

Caso
Um bebê é deixado na porta da casa de uma mulher de avançada idade que não podia ter filhos. O amor pela criança é impressionante.

Causa
No passado o menino foi o seu filho. Ela engravidou e a família, pela posição social, forçou-a a abandoná-lo num orfanato. Ela sentia a falta do menino e as suas preces foram atendidas. O Espírito tinha varias encarnações como órfão por débitos do passado.

Outros mundos

A Terra está comandada por uma equipe de Espíritos superiores, dirigidos por Jesus. Esses Espíritos coordenam as reencarnações massivas no planeta para contribuir com o seu progresso. Os planetas passam por ciclos de evolução, e com eles as suas humanidades. Os Espíritos que não acompanham a evolução do planeta reencarnaram em outros mundos inferiores. Na Terra reencarnaram Espíritos vindos de Capela* há 20 a 30 mil anos, e formaram as civilizações egípcias, judaicas, bramânicas e indo-europeias. Atualmente a Terra encontra-se em um processo de transição, retirando Espíritos inferiores e recebendo Espíritos de um mundo mais adiantado: Alcione**.

Os Espíritos reencarnam em diversos mundos. Podemos reencarnar muitas vezes num planeta segundo o seu adiantamento.
Sendo assim, podemos já ter vivido em outros mundos antes da Terra.

Nome:
Reencarnação em outros planetas.
Exilados para a Terra:
Espíritos de Capela.
Em missão:
Diversos Espíritos reencarnaram (Júpiter).
Em ajuda:
Desde 1980, Espíritos de Alcione reencarnam para ajudar na transição do planeta.
Exilados da Terra:
Desde o Século XX, Espíritos estão sendo retirados da Terra para reencarnar em outros mundos.

Capela*
Há 25 mil anos, a Terra recebeu milhares de Espíritos expulsos de um planeta do "Sistema de Capela".
O Cristo os acolheu para realizar as suas reencarnações de regeneração.

A Terra
Todos os planetas progridem.
O estado físico e moral dos seres é perpétuo. Todos começaram primitivos como a Terra, e se transformaram em "paraísos", de acordo com a evolução dos seus habitantes.

O que é Alcione**?

Desde 1980, estão encarnando entre nós, Espíritos de luz oriundos da estrela de Alcione, estrela central da Constelação das Plêiades, e que em cada 26.000 anos, o nosso Sol faz sobre ela seu movimento de translação. São Espíritos que se ofereceram para uma encarnação sacrificial para assim ajudar a higienizar os fluídos da Terra.

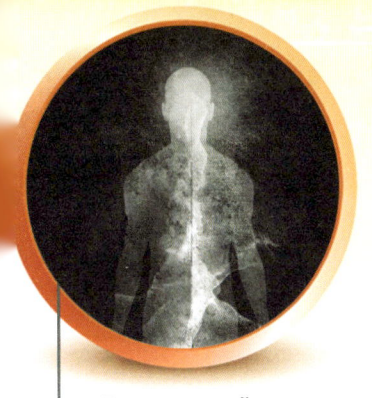

Reencarnação em outros mundos
A substância do perispírito não é a mesma em todos os mundos. Quando um Espírito reencarna em outro mundo, seu perispírito se reveste da matéria própria do planeta em forma quase instantânea.

Os Espíritos vindos de mundos superiores como de Alcione ou Júpiter, são trazidos pelo Cristo e vem em missão de ajuda ao progresso do planeta.

Júpiter
É o planeta com Espíritos mais adiantados do Sistema Solar. Muitas personalidades conhecidas da Terra estão reencarnados em Júpiter, como Bernard Palissy, Cervantes, Zoroastro e Mozart. Os corpos são similares aos da Terra, sendo mais belos e mais altos que os nossos.

Sempre reencarnamos na Terra?

Não. Vivemos em diferentes mundos. As reencarnações na Terra, não são as primeiras, nem serão as últimas. São as mais materiais e das mais distantes da perfeição. Segundo os Espíritos, a Terra é o planeta menos adiantado do nosso Sistema Solar. O Sol e as estrelas, não são mundos para reencarnações, e sim, lugares de reuniões dos Espíritos Crísticos.

Transição Planetária
Nosso planeta está passando por um momento de transição, para ser um mundo de regeneração.
Os guias espirituais vem retirando desde as Guerras Mundiais, diversos Espíritos atrasados e perversos. Estes Espíritos não reencarnam mais na Terra.

A Revista Espírita

É uma publicação editada por Allan Kardec, composta de 12 volumes, referentes aos anos de 1858 a 1869. Na revista, existem diversas informações espirituais com Espíritos de outros planetas, principalmente de Júpiter.

Reencarnação coletiva

Os guias espirituais programam as reencarnações dos Espíritos, seja em forma individual ou coletiva. Podem ser dentro de povos afins ou em grupos familiares. Existem Espíritos civilizados que por expiação, reencarnam em povos mais atrasados. Os que em certa época tenham agido com crueldade para os seus escravos, podem em nova existência, obedecer aos que humilharam ou tornarem-se seus servos. Há também, bons Espíritos que reencarnam por missão, em grupos sociais menos adiantados, ocupando posição influente, para fazê-las progredir.

Quando ocorrem as reencarnações coletivas?

Elas sempre aconteceram, mas podemos destacar as que aconteceram no século XIII, quando os mensageiros de Jesus, sob a sua orientação, associaram Espíritos afins para formar as nações do futuro.

Século XIII
Associação de Espíritos por tendências e afinidades, inicia-se dois séculos antes do descobrimento das Américas (1492). O Cristo vai dar a cada nação uma missão com o mundo novo, depois de tantos desastres que cometeram no passado.

Os antigos fenícios vão reencarnar na Espanha e em Portugal, entregando-se de novo às suas predileções pelo mar, agora vão navegar na descoberta das Américas.

Nome:
Reencarnação coletiva.
Data:
Sempre os Espíritos superiores as realizam, sob a coordenação do Cristo.
Destaque:
Século XIII.
Povos:
Espanha e Portugal - Fenícios
Prússia - Espartanos
Grã Bratanha - Romanos
França - Atenienses

No século XIX, São Luis, o guia espiritual da França, junto com Ismael, o guia espiritual do Brasil, coordenam a vinda de dois milhões de Espíritos atribulados com a Revolução Francesa, para reencarnar no Brasil. Assim, quando chegou o Espiritismo, estes Espíritos já estavam culturalmente identificados.

A Caminho da luz

Livro do Espírito Emmanuel, psicografado por Chico Xavier. Nele, descreve-se a história da Humanidade, e as reencarnações coletivas das grandes civilizações do passado. Desde a reencarnação dos Espíritos exilados de Capela até os nossos dias.

Aconteceram reencarnações coletivas nas Américas?

Sim. No ano 1500, o Cristo localiza o cérebro da nova civilização onde hoje está os Estados Unidos, e o seu coração onde floresce o Brasil, na América do Sul. Com a descoberta das Américas, a partir do século XVI, reencarnaram nas novas terras Espíritos mais ou menos adiantados da Europa, para construir as bases de fraternidade, originando-se, entre os povos americanos, sentimentos mais elevados e uma visão global do mundo. Nos Estados Unidos, esses Espíritos, principalmente, serão antigos romanos.

Antigos romanos, com a sua educação e a sua prudência, reencarnam na Grã-Bretanha para retomar o alcance do Império Romano, mas agora, para beneficiar as almas que aguardaram, por tantos séculos, a sua proteção e o seu auxílio.

Os Espíritos belicosos de Esparta, com a sua educação defeituosa e transviada, reencarnam na antiga Prússia, construindo o espírito detestável da Alemanha do século XX.

Espíritos atenienses, com as suas elevadas indagações filosóficas e científicas, vão reencarnar na famosa Paris, abrindo caminhos claros ao direito dos homens e dos povos.

Romanos

Espartanos

Atenienses

Fenícios

Reencarnações

Os Espíritos reencarnam e mantém determinada linha psíquica de comportamento. Filósofos, cientistas, religiosos, militares, artistas, vão se aprimorando existência após outra, e apreendendo novas áreas do conhecimento. A literatura espírita conta diversos casos de reencarnações de Espíritos que se destacaram pelas suas vidas abnegadas ou se transformaram para o bem.

A influência do Cristo, nas reencarnações de muitos Espíritos, tem ajudado no seu adiantamento espiritual.

Francisco de Assis (1182 - 1226)
O maior símile de Jesus

Na sua encarnação na Itália, vivenciou o amor com todas as criaturas da natureza. Dedicou sua vida ao serviço do próximo e tornou-se o maior símile do Cristo na Terra. Ele reencarnou no século I, próximo a Galileia, conhecido como João Evangelista, discípulo de Jesus e autor do livro do "Apocalipse".

João Evangelista (10 d.C - 103 d.C.)
O mais amado discípulo de Jesus

Espírito Emmanuel
Espírito guia do médium Chico Xavier

Em 1517 reencarnou em Portugal e foi ao Brasil, como o padre jesuíta Manoel da Nóbrega. Trabalhou na defesa dos índios brasileiros.
Em 1613, na Espanha foi conhecido como o padre Damiano, sacerdote e educador. No século I a.C. foi o senador romano Publius Lentulus. Morou na Galileia, onde conheceu o Cristo e escreveu à "César" com detalhes das suas impressões.

Publius Lentulus (século I)
Senador romano

Espírito Joanna de Ângelis
Espírito guia do médium Divaldo Franco

Esse Espírito teve diversas reencarnações na área religiosa. Em 1761 reencarnou em Salvador, Bahia como a abadessa Joana Angélica de Jesus e participou da independência do Brasil. Em 1651, no México, conhecida como Sor Juana Inés de la Cruz, a maior intelectual feminina e maior escritora barroca do século de ouro espanhol. No século I d.C. foi Joana de Cusa, morou em Israel e converteu-se ao cristianismo, após conhecer Jesus.

Sor Juana Inés de La Cruz (1651-1695)
A maior escritora barroca

Século de Péricles ou Idade de Ouro de Atenas
(439 a.C. - 338 a.C.)

Reencarnação em grupos

Existem Espíritos que reencarnam em grupos para cumprir tarefas coletivas. Os Espíritos dos grandes mestres de Atenas, do "século de Péricles" (século IV a.C.) reencarnaram no século XV, como os italianos Leonardo da Vinci, Rafael e Miguel Ângelo, para implantar o renascimento. E os filósofos atenienses, retornam no século XVII, principalmente na França, para instaurar os princípios do direito e da política. Esses Espíritos serão conhecidos como Voltaire, Montesquieu e Rousseau.

Quando é a última reencarnação?

Quando o Espírito está livre das atrações materiais. Quando aprende a perdoar, a ser caridoso e humilde, como é o caso de Francisco de Assis.

Joana d'Arc
(1412 — 1431)
Heroína traída pelo seu país

A jovem heroína francesa, reencarnou no século XIV, ajudando na libertação do seu povo do domínio inglês. Foi traída e queimada viva por ouvir as "vozes" que a inspiravam. Numa encarnação anterior, no século I, foi Judas Iscariotes, discípulo que traiu ao Cristo, e depois da sua crucificação, suicidou-se.

João Batista
(2 a.C. — 27 d.C)
Pregador da vinda do Cristo

Reencarnou na Judeia no século I. Foi primo de Jesus e veio divulgar a chegada do Messias, o libertador da humanidade. Morreu decapitado. Numa existência anterior, no século IX a.C. foi o profeta Elias, o maior dos profetas. Mandou cortar a cabeça dos sacerdotes do Baal.

Pitágoras
(571 a.C. e 570 a.C.)
Filósofo e matemático grego

O grande matemático grego, fundador da escola de pensamento pitagórica, reencarnou no século XII a.C. como o troiano Euforbo, morto pelo rei grego Menelau, esposo de Helena, na guerra de Troia. Pitágoras se lembrava de uma ferida que recebera no peito da lança de Menelau, e reconheceu o escudo que ele carregava no braço esquerdo.

Judas Iscariotes
(século I d.C.)
Discípulo que traiu a Jesus

Profeta Elias
(século IX a.C.)
A maior dos profetas

Euforbo
(século XII a.C.)
Combatente troiano

Allan Kardec e Napoleão

Os Espíritos superiores, coordenados por Jesus, programam reencarnações conjuntas de Espíritos com importantes tarefas, como é o caso de Napoleão e Allan Kardec. No ano 1800, o Cristo convocou uma reunião com os guias espirituais da humanidade, sobre a Europa, preparando a chegada do Espiritismo. Ele chamou a Napoleão, durante o sono (fora do corpo) e apresentou a seu apóstolo, Allan Kardec. Napoleão tinha a missão de levar a paz à França e abrir caminho para o trabalho de Allan Kardec, na restauração do Evangelho. Essa era a forma que Napoleão tinha para renovar-se de uma vida, quando foi o imperador Julio César, escravizando muitos povos.

Julio César
(100 a.C – 44 a.C.)
Nessa encarnação, o Espírito Napoleão foi um grande líder militar e político romano. Transformação da República em Império Romano. Acreditava ser filho dos deuses para dominar a Terra e aniquilar os inimigos. Invadiu a Gália (França) onde suas tropas mataram a três milhões de gauleses e escravizaram a um milhão. Na Gália viviam os povos celtas, com seus monges druidas. Um desses monges foi Allan Kardec.

Napoleão Bonaparte
(1769 – 1814)
Nessa encarnação, tornou-se imperador da França e o maior líder político e militar. Fascinado pela vaidade, converteu o apoio da espiritualidade em guerras e foi retirado para a solidão na ilha de Santa Helena, onde desencarnou.

Dados pessoais:
Nome:
1804 - Hippolyte-Léon Denizard Rivail (Allan Kardec)
Outras encarnações:
Século I a.C. - Allan Kardec, sacerdote druida.
1369 - Jan Hus, precursor da reforma.
Nome:
1769 - Napoleão Bonaparte
Outras encarnações:
100 a.C - Julio César, imperador romano.
356 a.C. - Alexandre Magno, conquistador.

Alexandre Magno (356 a.C. 323 a.C.)
Nessa existência, Napoleão foi o rei da Macedônia e o mais célebre conquistador do mundo antigo. Como discípulo do filósofo Aristóteles, levou o pensamento Grego a muitos povos, preparando as bases para as futuras ideias cristãs.

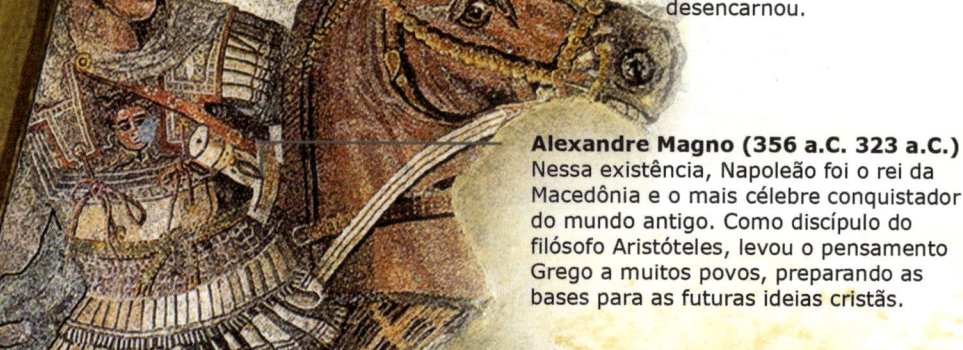

Allan Kardec (1804 – 1869)
O pedagogo francês codifica o Espiritismo, a terceira revelação para Ocidente, o consolador prometido por Jesus.

O druida Allan Kardec (século I a.C.)
Nessa encarnação, como monge druida, ensina lições de imortalidade e reencarnação para os povos celtas.

Existem outros casos?
Sim. Quando César invade a Gália, vence aos gauleses liderados por Vercingetórix, o aprisiona e leva a Roma como troféu. Séculos depois, o gaulês reencarna como Desaix, general de Napoleão, lutando ao seu lado. John Wycliffe, o sacerdote inglês, precursor da reforma e inspirador de Jan Hus, reencarna como Léon Denis, o filosofo francês, continuador do Espiritismo.

Vercingetórix (72 a.C. – 46 a.C.) foi o chefe gaulês que lutou contra os romanos.
Inspirou para a criação do personagem Asterix.

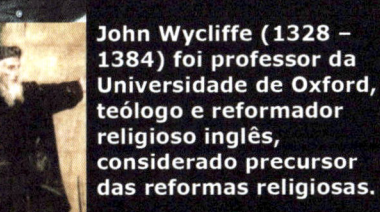

Louis Charles Antoine Desaix (1768 – 1800) foi um general francês que lutou sob as ordens de Napoleão Bonaparte, no Egito e Itália.

John Wycliffe (1328 – 1384) foi professor da Universidade de Oxford, teólogo e reformador religioso inglês, considerado precursor das reformas religiosas.

Léon Denis (1846 - 1927) foi um filósofo francês e um dos principais continuadores do Espiritismo após a morte de Allan Kardec.

Jan Hus (1369 – 1415)
Nessa encarnação, Allan Kardec foi um sacerdote checo e precursor da reforma protestante. Ele iniciou um movimento religioso baseado nas ideias do teólogo inglês John Wycliffe. Foi excomungado, condenado e queimado vivo.

Século I a.C. - Gália (França)

O monge druida Allan Kardec e o Imperador Julio César.

Século XIX - França

O Imperador Napoleão Bonaparte e o Codificador do Espiritismo Allan Kardec.

Allan Kardec e Napoleão viveram juntos?

Sim. Pelo menos duas vezes foram contemporâneos.
No ano 58 a.C. quando Julio César (Napoleão) invade a Gália, habitada por monges druidas. E entre os anos 1804 e 1814, quando Allan Kardec reencarna em Lyon, na França, Napoleão era o imperador.

O dólmen de Allan Kardec

No cemitério Père-Lachaise (Paris, França) encontra-se o dólmen (túmulo) de Allan Kardec. Tem arquitetura do estilo celta, com a frase druída: "Nascer, morrer, renascer ainda e progredir sempre, tal é a lei."

Linha do Tempo da

No Universo há uma lei que permite que tudo sirva e que tudo se encadeie na Natureza.
Assim acontece com a evolução do princípio espiritual.

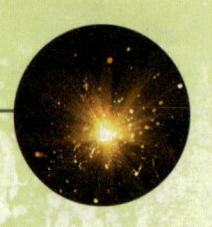

Átomo
O princípio espiritual evolui desde o átomo primitivo até o arcanjo, que também começou por ser átomo.

O reino mineral
O princípio espiritual está em estado de adormecimento.

O reino vegetal
O princípio espiritual está em estado de sonho.

O reino animal
O princípio espiritual acorda, e começa o processo de individualização espiritual para futuras encarnações.

O reino hominal
O princípio espiritual está individualizado, tem consciência e realiza suas primeiras reencarnações.

O hinduísmo
Pregava a reencarnação 5 mil anos antes de Cristo. Está explícita no livro "Bhagavad Gita".

Os egípcios
O Egito faraônico versou praticamente toda sua filosofia e sua ciência no princípio da reencarnação.

O budismo
Ensina que o sofrimento provém do desejo humano, que o conduz a nascimentos sucessivos.

Os druidas
Os druidas eram monges celtas que exerciam as funções legais e educativas. Defendiam a imortalidade e a reencarnação.

O judaísmo
A reencarnação formava parte dos dogmas judaicos sob o nome de ressurreição.

**450 a.C
Atenas, Grécia**
A reencarnação estava presente na filosofia de Sócrates, Platão e Pitágoras.

**30 d.C
Israel**
Jesus ensina a reencarnação no Evangelho. Ele predica a ressurreição, tanto da carne como a do espírito.

**33 d.C
Israel**
Jesus explica a Nicodemos "ninguém pode ver o reino de Deus se não nascer de novo".

**250 d.C.
Alexandria, Egito**
Orígenes, "o maior mestre da igreja depois dos Apóstolos", ensina a imortalidade da alma e a reencarnação.

**553 d.C.
Constantinopla**
Por ordem do Imperador Justiniano, o II Concílio de Constantinopla, condena as doutrinas reencarnacionistas de Orígenes.

4,6 bilhões de anos	4000 a.C.	476 d.C.
PRÉ-HISTORIA	IDADE ANTIGA	IDADE MÉDIA

1 a 4 milhões de anos a.C.

Ano 0

SURGIMENTO DO PRINCÍPIO ESPIRITUAL

CULTURAS E CIVILIZAÇÕES REENCARNACIONISTAS

ELIMINAÇÃO DA REENCARNAÇÃO EM OCIDENTE

Reencarnação

Missionários da Luz (1945)

No livro psicografado por Chico Xavier, o Espírito André Luiz, narra o processo reencarnatório detalhadamente. Ele acompanhou de perto, desde o desenho do corpo, sua modelagem e sua inserção no ventre materno.

1945
Brasil
Chico Xavier psicografa o livro "Missionários da Luz", onde se descreve como é que reencarnamos.

1859
Inglaterra
O naturalista inglês Charles Darwin, publica a teoria da Evolução.

1857
Paris, França
Allan Kardec publica "O Livro dos Espíritos", com revelações da reencarnação, resultante da lei do progresso e da evolução espiritual.

1979
Índia
O prof. Banerjee publica "Vida pretérita e futura" com 1100 casos de reencarnação em todo o mundo.

1966
Estados Unidos
O Dr. Ian Stevenson, psiquiatra e pesquisador da reencarnação, publica o livro "20 casos que sugerem reencarnação".

1967
Estados Unidos
O Doutor Morris Netherton desenvolveu um método próprio de hipnose, a Terapia de Vidas Passadas (Past Life Therapy).

1980
Estados Unidos
O Dr. Brian Weiss realiza a sua primeira experiência regressiva com uma paciente a quem ele chama de Catherine. Após quase um ano de terapia convencional, a moça não havia feito grandes progressos. Dr. Weiss sugeriu, então, tentar a hipnose. Foi aí que, em vez de regredir à infância, Catherine voltou 4.000 anos no tempo, lembrando-se com riqueza de detalhes de sua vida no Egito Antigo.

1988
Estados Unidos
O Dr. Brian Weiss publica o livro "Muitas vidas, muitos mestres", narrando suas experiências.

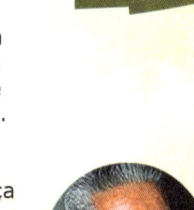

1988
Brasil
O professor Hernani Guimarães Andrade, pesquisador da reencarnação e fundador do IBPP - Instituto Brasileiro de Pesquisas Psicobiofísicas, publica o livro "Reencarnação no Brasil".

1994
Brasil
No Brasil surgem diversas escolas terapêuticas, como a Sociedade Brasileira de Terapias de Vidas Passadas ou Instituto Nacional de Terapia de Vivências Passadas, fundado por Maria Júlia e Ney Prieto Peres (foto).

2000
Brasil
O delegado de Polícia, João Fiorini, perito em identificação, realiza pesquisas de ponta sobre vidas passadas com impressões digitais.

1453 d.C.	1789 d.C.		dias atuais
IDADE MODERNA		IDADE CONTEMPORÂNEA	

SURGEM AS REVELAÇÕES ESPÍRITAS
SOBRE A LEI DA REENCARNAÇÃO

PESQUISADORES E CIENTISTAS
COMPROVANDO A REENCARNAÇÃO

Mapa Geográfico da Reencarnação

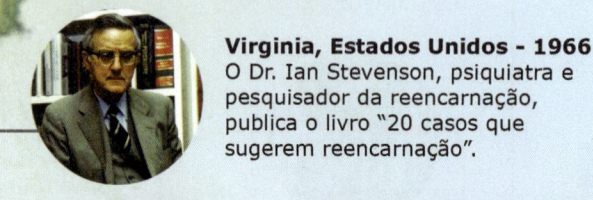

Virginia, Estados Unidos - 1966
O Dr. Ian Stevenson, psiquiatra e pesquisador da reencarnação, publica o livro "20 casos que sugerem reencarnação".

Miami, Estados Unidos - 1988
O Dr. Brian Weiss publica o livro "Muitas vidas, muitos mestres", narrando suas experiências.

Estados Unidos - 1967
O Doutor Morris Netherton desenvolveu um método próprio de hipnose, a Terapia de Vidas Passadas (Past Life Therapy).

Brasil - 1994
No Brasil surgem diversas escolas terapêuticas, como a Sociedade Brasileira de Terapias de Vidas Passadas ou Instituto Nacional de Terapia de Vivências Passadas, fundado por Maria Júlia e Ney Prieto Peres (foto).

Pedro Leopoldo (MG) Brasil - 1945
Chico Xavier psicografa o livro "Missionários da Luz", onde se descreve como é que reencarnamos.

A reencarnação tem suas origens nos primórdios da humanidade e está presente em todos os continentes.
África:
No Egito Antigo.
Ásia:
Hinduísmo, Budismo, Jainismo, Taoísmo e Cabala judaica.
Américas:
Culto de Tradição aos Orixás, religiões indígenas e Vodu.
Europa:
Rosacrucianismo, Espiritismo, Espiritualismo, Teosofia e na filosofia socrática-platônica.

Curitiba, Brasil - 2000
O delegado de Policia, João Fiorini, perito em identificação realiza pesquisas de ponta sobre vidas passadas com impressões digitais.

São Paulo, Brasil - 1988
O professor Hernani Guimarães Andrade, pesquisador da rencarnação, publica o livro "Reencarnação no Brasil".

Inglaterra - 1859
O naturalista inglês Charles Darwin, publica a teoria da Evolução.

As gálias
Os druidas eram monges celtas que exerciam as funções legais e educativas. Defendiam a imortalidade e a reencarnação.

Atenas, Grécia - 450 a.C
A reencarnação estava presente na filosofia de Sócrates, Platão e Pitágoras.

Constantinopla - 553 d.C.
Por ordem do Imperador Justiniano, o II Concílio de Constantinopla condena as doutrinas reencarnacionistas de Orígenes.

Israel - 30 d.C
Jesus ensina a reencarnação no Evangelho. Ele predica a ressurreição, tanto da carne como a do espírito.

O budismo
Ensina que o sofrimento provém do desejo humano, que o conduz a nascimentos sucessivos.

Índia - 1979
O prof. Banerjee publica "Vida pretérita e futura" com 1100 casos de reencarnação em todo o mundo.

Paris, França - 1857
Allan Kardec publica "O Livro dos Espíritos", com revelações da reencarnação, resultante da lei do progresso e da evolução espiritual.

Alexandria, Egito 250 d.C.
Orígenes, "o maior mestre da igreja depois dos Apóstolos", ensina a imortalidade da alma e a reencarnação.

O judaísmo
A reencarnação formava parte dos dogmas judaicos sob o nome de ressurreição.

Israel - 33 d.C
Jesus explica a Nicodemos "ninguém pode ver o reino de Deus se não nascer de novo".

Egito
O Egito faraônico versou praticamente toda sua filosofia e sua ciência no princípio da reencarnação.

O hinduísmo
A reencarnação ou "transmigração das almas" está explícita no livro "Bhagavad Gita".

Livros sobre reencarnação como "Muitas vidas, muitos mestres" já foram traduzidos a mais de 20 idiomas, com mais de 2 milhões de exemplares vendidos em todo o mundo. Na literatura espírita, os livros do Espírito André Luiz que descrevem o processo da reencarnação, encontram-se em diversas línguas.

CONHEÇA TAMBÉM:

ESPIRITISMO FÁCIL
Luis Hu Rivas

Entenda o Espiritismo com poucos minutos de leitura.

Podemos lembrar de vidas passadas? Existe a vida em outros planetas? Nos sonhos podemos ver o futuro? Como é a vida depois da morte? Onde está escrita a lei de Deus? Quais são as preces poderosas? Como afastar os maus Espíritos? Quem foi Chico Xavier? E Allan Kardec?

Abc do Espiritismo | 21x28 cm | 44 páginas

Av. Porto Ferreira, 1031
Parque Iracema
CEP 15809-020
Catanduva-SP

www.**boanova**.net
boanova@boanova.net

📞 17 3531.4444

💬 17 99777.7413

📷 @boanovaed

f boanovaed

▶ boanovaeditora

Acesse nossa loja

Fale pelo whatsapp

 Baixe o aplicativo Reencarnação Fácil na Apple Store.